La Estación Espacial Internacional

Yolanda Ridge

Todo sobre el espacio

LIGHTBOX
openlightbox.com

LIGHTBOX

Entre a **www.openlightbox.com** e ingrese el código único de este libro.

CÓDIGO DE ACCESO

LBXP7262

Lightbox es una completa solucióndigital para enseñar y aprender temas curriculares de una manera original e innovadora. Lightbox se basa en las Normas Curriculares Nacionales.

OPTIMIZADO PARA

- ✔ TABLETAS
- ✔ PIZARRAS ELECTRÓNICAS
- ✔ COMPUTADORAS
- ✔ ¡Y MUCHO MÁS!

CARACTERÍSTICAS ESTÁNDAR DE LIGHTBOX

- **AUDIO** Narraciones de alta calidad con sistema de texto a voz
- **VIDEOS** Videoclips de alta definición incorporados
- **ACTIVIDADES** PDFs imprimibles que pueden enviarse por correo electrónico y calificarse
- **ENLACES WEB** Enlaces cuidadosamente seleccionados con recursos seguros para niños
- **PRESENTACIÓN EN DIAPOSITIVAS** Ilustraciones gráficas de los conceptos clave
- **MAPAS INTERACTIVOS** Mapas interactivos e imágenes satelitales aéreas
- **CUESTIONARIOS** Diez preguntas de elección multiple con puntaje automático que se envían por correo electrónico al docente para su evaluación
- **PALABRAS CLAVE** Combinación de los conceptos clave con sus definiciones

RECURSOS SUPLEMENTARIOS

- **COMPARTE** Comparte títulos dentro de tu Sistema de Gestión de Aprendizaje (LMS) o Sistema de Circulación de Bibliotecas
- **CURRÍCULO** Encuentre correlaciones curriculares Nacionales y Estatales.
- **CITAS** Crea referencias bibliográficas siguiendo los estilos de APA, CMOS y MLA

VIDEOS

ENLACES WEB

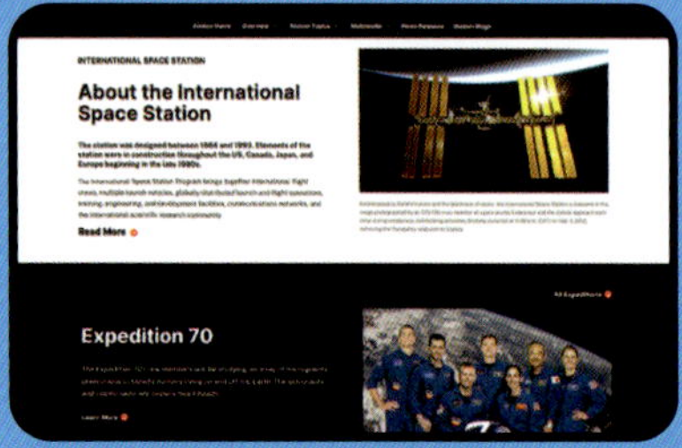

PRESENTACIÓN EN DIAPOSITIVAS

CUESTIONARIOS

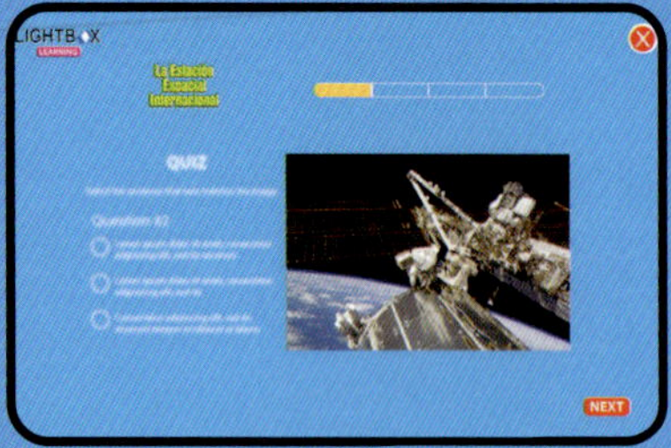

Este título está incluido en nuestra suscripción digital de Lightbox

Suscripción en español de K–5 por 1 año
ISBN 978-1-5105-5935-6

Accede a cientos de títulos de Lightbox con nuestra suscripción digital.
Regístrate para una prueba **GRATUITA** en **www.openlightbox.com/trial**

Se garantiza que los componentes digitales de este libro estarán activos por al menos cinco años desde la fecha de publicación.

Todo sobre el espacio

La Estación Espacial Internacional

CONTENIDOS

Una **estación espacial** es un lugar donde la gente vive en el espacio.

A la Estación Espacial Internacional también se la llama la ISS, por sus siglas en inglés.

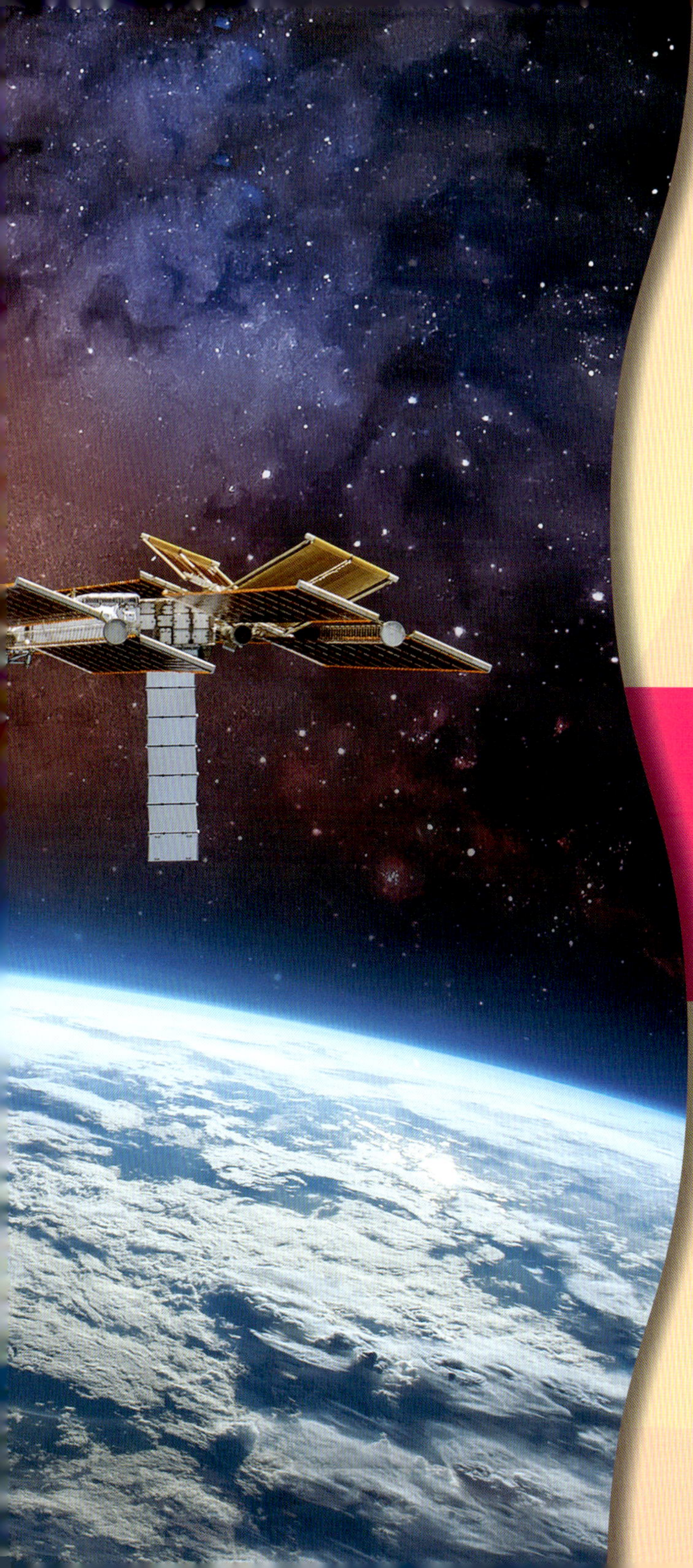

ESTACIONES ESPACIALES

Estación Espacial Mir

- Lanzada desde el Cosmódromo de Baikonur, Kazajistán
- Estuvo en el espacio desde 1986 hasta 2001

Estación Espacial Internacional

- Lanzada desde el Cosmódromo de Baikonur, Kazajistán
- Está en el espacio desde 1998

Estación Espacial Tiangong

- Lanzada desde el Centro de Lanzamiento de Satélites de Wenchang, China
- Está en el espacio desde 2021

Estados Unidos decidió **construir** una estación espacial en **1984**.

La ISS se lanzó casi **15 años** más tarde.

La ISS se armó en el **espacio**.

Se le fueron agregando piezas, como en un **juego de bloques** para armar.

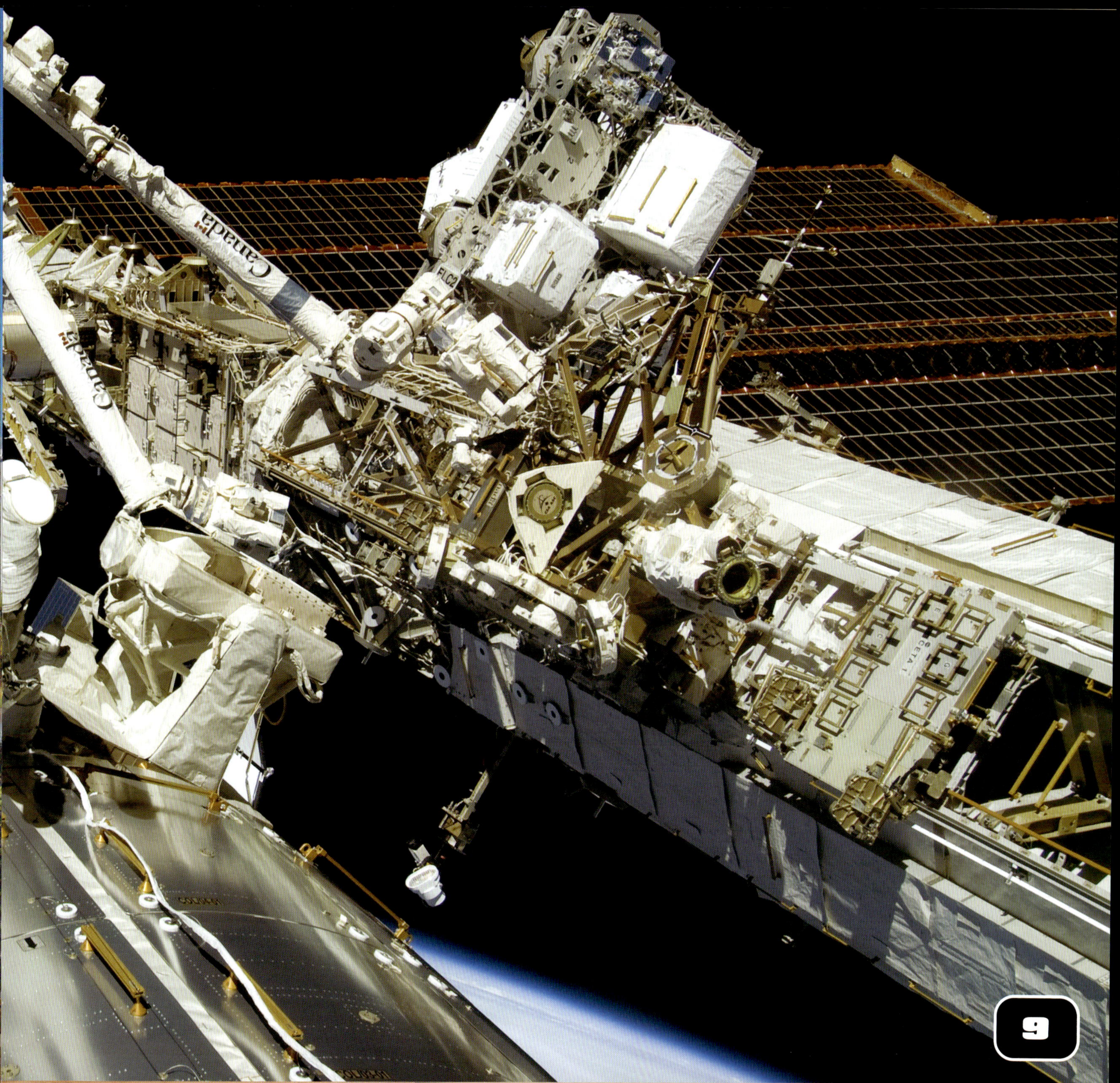
Canada
Canada

La ISS es casi **tan grande** como un campo de **fútbol americano**.

Se la puede ver **desde la Tierra** porque la **luz del Sol** rebota contra ella.

La ISS viaja alrededor de la Tierra **16 veces** por día.

Se usan **computadoras** para hacerla volar.

Una **nave espacial** lleva astronautas y suministros a la ISS.

La mayoría de los astronautas se quedan en la estación por **seis meses**.

ASTRONAUTAS DE LA ISS

Bill Shepherd, Yuri Gidzenko, Sergei Krikalev

Primera tripulación de la ISS.

Susan Helms

Primera mujer que vivió en la ISS.

Koichi Wakata

Primer comandante japonés de la ISS.

Los astronautas **cuidan** la ISS.

Estudian cómo cambian sus **cuerpos** viviendo en el **espacio**.

DATOS SOBRE LA ESTACIÓN ESPACIAL INTERNACIONAL

Estas páginas ofrecen información detallada sobre los interesantes datos de este libro. Están dirigidas a los adultos, como soporte, para que ayuden a los jóvenes lectores a redondear sus conocimientos sobre el espacio.

Páginas 4–5

Una estación espacial es un lugar donde la gente vive en el espacio. Las estaciones espaciales son diferentes a las demás naves espaciales tripuladas porque están diseñadas para permanecer en el espacio por mucho tiempo. Esto significa que su mecanismo de propulsión está adaptado para mantener una altitud estable. La Estación Espacial Internacional (ISS, por sus siglas en inglés) es una de las dos únicas estaciones que se encuentran actualmente operativas.

Páginas 6–7

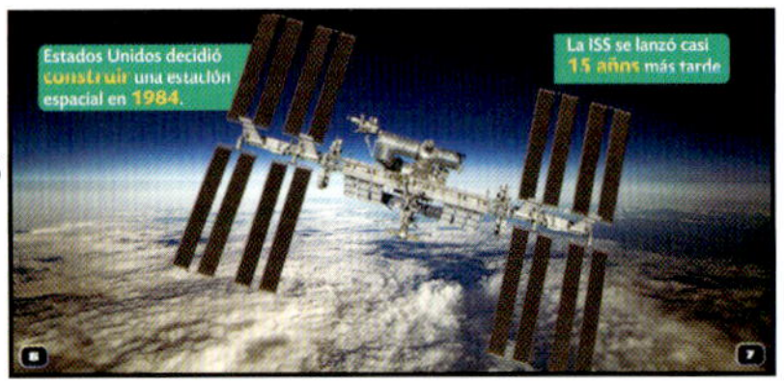

Estados Unidos decidió construir una estación espacial en 1984. El presidente Ronald Reagan quería una estación espacial que se pudiera lanzar en los próximos 10 años, pero el aumento de los costos y las revisiones del diseño demoraron el proyecto. En 1993, Estados Unidos y Rusia acordaron unir sus proyectos de la estación espacial. Así, Rusia lanzó el primer módulo de la ISS el 20 de noviembre de 1998.

Páginas 8–9

La ISS se armó en el espacio. Comenzaron con el módulo de control ruso Zarya. Luego, se utilizó un nodo de conexión construido por los Estados Unidos llamado Unity para conectar el Zarya con otro módulo construido por Rusia. Desde 1998 se fueron agregando otros elementos, que se llevaron a la ISS con naves espaciales y que los astronautas acoplaron al resto de la estación realizando caminatas espaciales.

Páginas 10–11

Hay astronautas de 15 países que trabajan juntos en las misiones de la ISS. Desde que Estados Unidos y Rusia acordaron colaborar en la ISS, otras 13 naciones se unieron a la iniciativa. Esos países son Bélgica, Canadá, Dinamarca, Francia, Alemania, Italia, Japón, Países Bajos, Noruega, España, Suecia, Suiza y el Reino Unido. Cada uno de estos países está asociado a alguna de las cinco agencias espaciales, y cada agencia se encarga de un aspecto diferente de la estación espacial.

Páginas 12–13

La ISS es casi tan grande como un campo de fútbol americano. Mide 356 pies (109 metros) de largo y pesa cerca de 925 000 libras (419 600 kilogramos). Esto es más de lo que pesan 320 autos. Vista desde la Tierra sin telescopio, la ISS se ve como una luz que se mueve. Orbita a una altura de aproximadamente 250 millas (402 kilómetros) y pasa sobre una gran cantidad de lugares donde vive más del 90 por ciento de la población de la Tierra.

Páginas 14–15

La ISS viaja alrededor de la Tierra 16 veces por día. La ISS tarda 90 minutos en orbitar la Tierra, desplazándose a una velocidad promedio de 5 millas (8 km) por segundo. Tiene unos pequeños motores de cohete, llamados impulsores, que la mantienen a la altura correcta. Las computadoras de los centros de control de la Tierra manejan el software de vuelo. Para que la estación navegue, se utilizan más de 3 millones de líneas de códigos informáticos escritas por ingenieros y programadores.

Páginas 16–17

Una nave espacial lleva astronautas y suministros a la ISS. Más de 260 astronautas han visitado la ISS. Hay una tripulación de unos siete astronautas en todo momento. La estación espacial tiene dos baños. Los astronautas duermen en pequeñas literas. Como hay poca gravedad en la ISS, flotan por todos lados a menos que estén sujetos a algo.

Páginas 18–19

Los astronautas cuidan la ISS. Realizan experimentos para ver cómo la microgravedad, o la gravedad limitada, afecta la salud humana. También investigan muchos otros temas científicos. Fuera del trabajo, los astronautas dedican al menos dos horas por día a ejercicios físicos y su cuidado personal. Ocasionalmente, salen de la ISS para hacer caminatas espaciales. Los astronautas también informan a las personas que están en la Tierra lo que hacen en el espacio.

Páginas 20–21

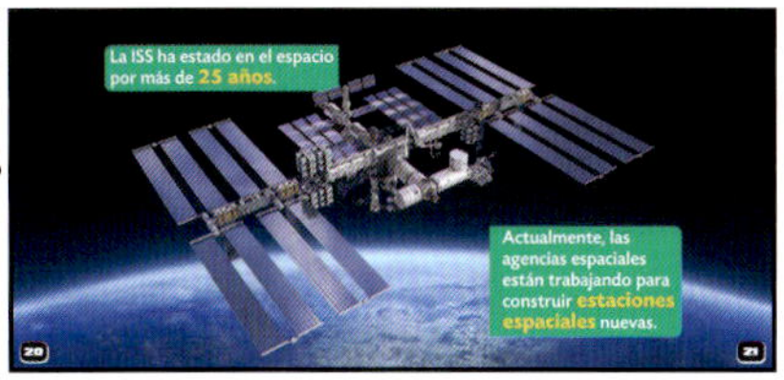

La ISS ha estado en el espacio por más de 25 años. Originalmente programada para una misión de 15 años, la ISS ha permanecido en el espacio desde 1998. En 2020, se cumplieron 20 años de presencia humana continua. Las diferentes agencias espaciales están trabajando para construir estaciones espaciales más modernas. Cuando haya una estación espacial internacional nueva, la ISS será desmantelada haciéndola descender lentamente hasta caer en el océano. La NASA espera que esto ocurra en 2031.

Published by Lightbox Learning Inc.
276 5th Avenue, Suite 704 #917
New York, NY 10001
Website: www.openlightbox.com

Library of Congress Control Number: 2024933183

ISBN 978-1-5105-8533-1 (hardcover)
ISBN 978-1-5105-8642-0 (static multi-user eBook)
ISBN 978-1-5105-8532-4 (interactive multi-user eBook)

072024
112023

Printed in Guangzhou, China
1 2 3 4 5 6 7 8 9 0 28 27 26 25 24

Art Director: Terry Paulhus
Layout: Ana María Vidal
Project Coordinator: Sara Cucini
English/Spanish Translation: Translation Services USA

Every reasonable effort has been made to trace ownership and to obtain permission to reprint copyright material. The publisher would be pleased to have any errors or omissions brought to its attention so that they may be corrected in subsequent printings.

The publisher acknowledges Alamy, Getty Images, Shutterstock, and Wikimedia Commons as the primary image suppliers for this title.